www.ingramcontent.com/pod-product-compliance
Lightning Source LLC
LaVergne TN
LVHW051010051026
849532LV00005B/1898
9789369089147

محمد حسن عسکری : خانماں خراب

مظفر علی سید

مرتبہ : اعجاز جعید

© Taemeer Publications LLC

Mohammed Hasan Askari : KhanmaaN Kharab

by: Muzaffar Ali Syed

Edition: February '2025

Publisher :

Taemeer Publications LLC (Michigan, USA / Hyderabad, India)

ISBN 978-93-6908-914-7

کتاب	:	**محمد حسن عسکری : خانماں خراب**
مصنف	:	**مظفر علی سید**
ترتیب و تدوین	:	اعجاز عبید
صنف	:	خاکہ
ناشر	:	تعمیر پبلی کیشنز (حیدرآباد، انڈیا)
سالِ اشاعت	:	۲۰۲۵ء
صفحات	:	۳۲
سرورق ڈیزائن	:	تعمیر ویب ڈیزائن

نوٹ

یہ مضمون حلقہ اربابِ ذوق، لاہور کے ۳۰ ستمبر ۱۹۹۴ء کے اجلاس میں پڑھا گیا تھا۔ یہ خاکہ مظفر علی سید کی کتاب 'یادوں کی سرگم' سے لیا گیا ہے۔

—— مرتب

یوں تو ہر ادیب تھوڑا بہت خانہ خراب بلکہ خانماں خراب ہوتا ہے، شاید اس لیے کہ تہذیبی تاریخ میں تخریب کے بغیر تعمیر کا تصور ہی محال ہے، لیکن ہر ادیب کی ہستی، جس میں اس کا اسلوبِ حیات اور اسلوبِ تحریر دونوں شامل ہیں، دوسرے ادیبوں سے خاصی مختلف ہوتی ہے۔ بلکہ وہ چیز جسے ادیب کی شخصیت کہا جاتا ہے بالعموم اس چیز سے، جسے اس کا فن کہیے، باہمی تعاون اور توازن حاصل کرنے سے پہلے (جو ممکن ہے کبھی نہ حاصل ہو سکے) خاصی دیر تک آپس میں متخالف اور متصادم رہتی ہیں۔ اس لیے دونوں کو ایک دوسرے سے بالکل جدا کر کے دیکھنا ایسے ہے جیسے آپس میں شدید محبت یا نفرت (یا محبت اور نفرت) کرنے والوں کو نکھیڑ دینا۔ پھر بھی شخصیت نگاری یا ذاتی پورٹریٹ کی تصویر کشی کرنے والے، اپنے طریق کار کی مجبوریوں

کے باعث، دونوں اطراف کی باہم پیوستگی کو ملحوظ نہیں رکھتے۔ اس لیے ادیبوں کے خاکے الگ لکھے جاتے ہیں اور تنقیدی مضامین الگ۔ پھر لکھوانے والے بھی اصرار کرتے ہیں کہ ادھر سے ادھر جانے کا راستہ مسدود سمجھا جائے۔ چناں چہ سلیم احمد نے عسکری سے اپنے معاصر ادیبوں کے خاکے یہ کہہ کر لکھوائے کہ ان میں کوئی ادبی حوالہ نہ آنے پائے اور جب عسکری کوشش کے باوجود دونوں پہلوؤں کو ایک دوسرے سے کاٹ نہ سکے تو خاکہ نگاری میں ناکام ٹھہرے۔

یوں عسکری نے فن اور شخصیت کے ناطے سے ادیبوں کی تین قسمیں قرار دی ہیں:

''عام طور پر ادیب اپنی تحریروں کے برابر بھی نہیں پہنچتے، ان سے ملنا بیکار ہے۔ فراق صاحب کی قسم کے لوگ اپنی تحریروں سے اتنے آگے نکل جاتے ہیں کہ ان کے بارے میں ہر دفعہ نئی طرح سوچنا پڑتا ہے اور ان کا خلاصہ بیان نہیں کیا جا سکتا۔ تیسری قسم کے لوگ وہ ہیں جن کی شخصیت، وزن میں ان کی تحریروں کے برابر ہے، نہ زیادہ نہ کم۔ پہلی قسم کے لوگوں کے بارے میں بہت کچھ اپنی طرف سے بیان کرنا پڑتا ہے، تب جا کے وہ دلچسپ بنتے ہیں۔ دوسری قسم کے لوگوں کے بارے میں ہمیشہ بہت کچھ بیان ہونے سے رہ جاتا ہے۔ تیسری قسم کے لوگوں کے بارے میں لکھنا آسان ہے، نہ اپنی طرف سے کچھ بڑھانے کی ضرورت نہ کچھ کم کرنے کا خطرہ۔ بس جو دیکھا ہے، وہ لکھ دیا۔''

طبعاً یہ سوال پیدا ہوتا ہے کہ خود عسکری کس قسم کے ادیب تھے، اپنی تحریروں سے کم یا زیادہ، یا ان کے برابر؟ یقیناً مختلف لوگ، جو انہیں جانتے بھی تھے اور پڑھتے بھی تھے، اس سوال کا مختلف انداز سے جواب دیں گے۔ شاید میری طرح کچھ ایسے لوگ بھی ہوں جو کہیں کہ عسکری ایک چوتھی قسم کے ادیب تھے۔ خود انہوں نے کہا ہے کہ اپنی زندگی میں انہوں نے صرف تین آدمی دیکھے ہیں: فراق صاحب، میرا جی اور منٹو۔ ان میں سے فراق صاحب کی شخصیت پر انہوں نے کچھ نہیں لکھا، نہ سلیم احمد نے ضد کر کے لکھوایا حالاں کہ عسکری کی شخصیت نگاری کا یہ بڑا امتحان ہوتا۔ اپنے پانچ چھ تنقیدی مضامین میں، جو انہوں نے فراق پر لکھے، صرف ایک ذاتی مشاہدہ ملتا ہے، وہ بھی فراق کے اندازِ شعر خوانی کے بارے میں۔ شاید انہیں خوف تھا کہ فراق محض ایک چھلکتی ہوئی شخصیت بن کے نہ رہ جائیں اور ان کا فن پس پشت نہ ڈال دیا جائے۔ میرا جی نے، ان کے بقول، اپنی شخصیت کو فن کاری میں جذب کرنا چاہا مگر شخصیت کی ترغیب سے نہ بچ سکے اور کردار بن کے رہ گئے جبکہ خود انہیں بھی افسانہ بننے پر کوئی خاص اعتراض نہ تھا۔ ان کے مقابلے میں منٹو کی زندگی کا ہر لمحہ فنی جدوجہد میں تبدیل ہو گیا اور چھوٹے سے چھوٹا فعل ایک تخلیقی کاوش بن گیا۔

اپنی جگہ عسکری ان تینوں آدمیوں سے مختلف ہیں۔ ظاہری طور پر تینوں کے تینوں سیہ نوش بلکہ بلا نوش آدمی تھے جبکہ عسکری:

سبحہ گرداں ہی میر، ہم تو رہے
دستِ کوتاہ تا سبو نہ گیا

عسکری ان کے شغل میں شریک تو نہ ہو سکتے تھے نہ شاید کسی نے ایسی کوشش کی ہو۔ چناں چہ ان کے ساتھ عسکری کا رشتہ تقریباً وہی تھا جو حالی کا غالب کے ساتھ تھا لیکن عسکری نے حالی کی طرح مولویانہ تبلیغ سے کام لے کر انہیں پرہیزگار بنانے کی بھی کوئی کوشش نہ کی۔ ممکن ہے حالی کی ناکامی اور بالآخر سپر اندازی کی مثال بھی انہیں یاد رہی ہو مگر یہ تو یقین سے کہا جا سکتا ہے کہ وہ ان بلا نوشوں کی صحبت میں لیمونیڈ پیتے ہوئے اس فنکار کی تلاش میں تھے جو بادہ و ساغر سے ماورا ہوتا ہے۔ اتنا بہر حال طے ہے کہ یہ صورتِ حال جگر مراد آبادی یا اختر شیرانی کی موجودگی میں ممکن نہیں تھی کہ ان کے یہاں عسکری کو ایسا کوئی تجسس نہیں تھا، نہ ہو سکتا تھا۔

ایک لحاظ سے عسکری کا فراق، میرا جی اور منٹو کے سامنے ہوش میں رہنا اور اپنی عادت کے مطابق خاموش رہنا ہی بہتر تھا کہ سرمست آدمی کو ایک سامع یسر آ جائے تو اپنی شخصیت کی گہرائیوں کو واشگاف کر کے رکھ دیتا ہے۔ تاہم عسکری کو میرا جی سے یہ شکایت رہی کہ وہ ان سے جلدی نہ کھلے اور کم از کم شروع میں خاصا تکلف کرتے رہے۔ اُدھر، فراق صاحب کو غالباً عسکری کی خاموشی سے شکایت پیدا ہوئی کہ عسکری شعر سننے کا فوری ردعمل ظاہر نہ ہونے دیتے تھے۔ مصطفیٰ زیدی کے بقول

صاحب انہیں ایک ''مٹھس'' (یا مٹھوس) آدمی سمجھتے تھے جس کے یہاں شعر کا خانہ خالی ہو۔ اب اس میں تو کوئی شک نہیں کہ عسکری کی زبان سے شاید ہی کسی نیاز مند نے کبھی کوئی شعر سنا ہو (وہ کہتے تھے مجھ سے بیت بازی نہیں ہوتی)۔ راقم سے ایک بار انھوں نے تاثیر کی شخصی کشش کا باعث پوچھا تھا۔ جب انہیں بتایا کہ تاثیر کو غالب، اقبال، یگانہ اور ان کے علاوہ اردو فارسی کے بے شمار شاعروں کے ان گنت اشعار یاد ہیں اور وہ موقع محل سے ان کو محفل میں سنا کر دوسروں کو بھی لطفِ سخن میں شامل کر لیتے ہیں تو مجھے یاد ہے کہ عسکری نے کہا تھا: یہ تو کوئی خاص بات نہ ہوئی۔ غالباً اس لیے کہ یہی کام کرتے ہوئے انھوں نے فراق صاحب (اور حسرت موہانی) کو دیکھ رکھا تھا مگر یہ بھی کہا جا سکتا ہے کہ فراق یا حسرت کا مذاقِ سخن، تاثیر کی نسبت قدرے محدود ہو گا اور اندازِ شعر خوانی میں بھی وہ جوش و خروش شاید ذرا کم ہو جو تاثیر کی طبیعت میں شامل تھا۔

یہ بات اُس وقت کی ہے جب کہ عسکری صاحب تاثیر پر ڈی ڈی ٹی چھڑ کنے کا تجربہ کرنے والے تھے۔ لاہور میں ان کی جھلکیوں کا یہ باب بڑے اشتیاق سے کئی ایک ادبی اور سیاسی محفلوں میں پڑھ کر سنایا گیا مگر اس کی وجہ یہ تھی کہ اس زمانے میں ترقی پسندوں سے لے کر مسلم لیگ کے مقامی رہنماؤں تک بہت لوگ تاثیر سے گھٹے بیٹھے تھے۔ ذاتی طور پر میرا تاثیر سے کوئی خاص رابطہ نہ تھا بلکہ مجھے تو اس مار پیٹ میں الٹی تفریح

محسوس ہوئی تھی، لیکن تاثیر اور اس کے ساتھ میں جملہ نیاز مندانِ لاہور سے تحریری طور پر کٹی کر کے میرے خیال میں عسکری نے لاہور میں اپنے آپ کو اور بھی تنہا کر لیا۔

عسکری سے میری نیاز مندی ان کے لاہور آنے کے بعد ہی شروع ہوئی تھی جو قیامِ پاکستان کے مہینہ ڈیڑھ مہینے بعد کا واقعہ ہے۔ انہوں نے کراچی کی نسبت لاہور آنے کا فیصلہ کیوں کیا؟ اس کی وجہ انہوں نے بتائی تو نہیں اس لیے کہ وہ اپنے بارے میں کبھی کچھ نہیں کہتے تھے بلکہ ایسے کسی سوال کا جواب دینے سے بھی کتراتے تھے تاہم ان کے ذہن میں لاہور کا ایک تہذیبی امیج موجود رہا ہو گا اور کراچی جانے کی کوئی ملازمتی مجبوری بھی نہیں تھی۔ پر شاہد احمد دہلوی، غلام عباس، اشرف صبوحی صبوری اور کئی دوسرے ادیب دوستوں نے پہلے پہل ادھر ہی کا رخ کیا تھا۔ ساقی بک ڈپو لاہور میں دوبارہ قائم ہوا تھا اور یہاں کے اخبار، رسالے اور نشر و اشاعت کے ادارے بھی عسکری کے لیے اجنبی نہیں تھے۔ اگرچہ کچھ دیر کے بعد شاہد صاحب بک ڈپو کو بند کر کے کراچی منتقل ہو گئے اور غلام عباس بھی ریڈیو کی ملازمت میں تبادلے کی وجہ سے لاہور چھوڑ گئے لیکن عسکری دو ڈھائی سال یہیں ٹکے رہے گو یہ تمام عرصہ انہوں نے رسالوں، اخباروں اور ریڈیو کے لیے لکھ لکھ کر گزارا اور کوئی مستقل وسیلۂ روزی ان کے ہاتھ نہ لگا بلکہ ریڈیو بھی جلد ہی ان پر، اور ان کے ساتھ منٹو پر، حرام ہو گیا۔ ان کے

لیے ادبی رسالوں پر لگائی گئی بندش کے خلاف مہم چلانے کی پاداش میں اور منٹو پر ''کھول دو'' لکھنے کی وجہ سے جو شائع تو ''نقوش'' میں ہوا تھا مگر ساتھ میں ''ادب لطیف'' اور ''سویرا'' پر بھی قدغن لگا دی گئی تھی کہ وہ بھی ''ملکی مفاد کے مخالف'' کام کرتے رہے ہیں۔ منٹو اور عسکری دونوں کے لیے یہ وقت نہایت کڑی آزمائش کا تھا کہ انہوں نے قیامِ پاکستان کو دل و جان سے قبول کیا تھا اور اس کی تہذیبی اور فکری حیثیت کو دائمی انسانی قدروں پر استوار کرنا چاہتے تھے۔ خصوصاً عسکری کے لیے، جن کا تصور پاکستان تحریر کی آزادی اور سماجی انصاف کے تقاضوں سے مشروط تھا۔

تاہم اس وقت کی یہ ستم ظریفی بھی یادگار رہے گی کہ عسکری کا آزادیِ تحریر پر اصرار ذاتی سطح پر ایک غرض مندانہ فعل سمجھا گیا اور غرض یہ قرار دی گئی کہ وہ محض اپنے دوست منٹو کے دفاع کی خاطر میدانِ عمل میں آن کودے ہیں۔ لیکن یہ رائے فیض صاحب کی نہیں تھی۔ بعد میں جب یہ الزام، جو ان کے تنظیمی رفقاء نے لگایا تھا، فیض صاحب کے ساتھ راقم کی گفتگو میں آیا تو ان کا کہنا تھا کہ تاریخ میں یہ سوچنا بیکار ہے کہ یوں ہوتا تو کیا ہوتا۔ یعنی اگر منٹو کا پاؤں درمیان میں نہ ہوتا تو عسکری حکومت کا ساتھ دیتے؟ کم از کم فیض صاحب کے نزدیک عسکری نے اس وقت جو بھاگ دوڑ کی اور کئی ایک لوگوں کا دستخطی بیان شائع کروایا تو یہ عسکری کے اپنے نقطۂ نظر کے عین مطابق تھا۔ یوں بھی وہ کسی قسم کے دباؤ یا جذباتی بلیک میل میں آنے والے آدمی نہیں

تھے۔ وہ غلطی تو کر سکتے تھے بلکہ، اس حقیر کی رائے میں، چند ایک بہت بڑی غلطیاں اپنے ادبی کیریئر کے دوران ان سے سرزد ہوئیں، لیکن مصلحتاً یا محض مروت میں آکر کوئی پرائیویٹ ''پالیسی'' اختیار کرنا ان کے نزدیک بددیانتی سے کم نہیں تھا۔

قیامِ لاہور کے آغاز میں منٹو کے علاوہ تاثیر سے بھی ان کا خاصا ملنا جلنا تھا اور وہ ان کے تعاون سے چاہتے تھے کہ پاکستانی ادیبوں کی ایک آزاد، جمہوری اور سماجی سطح پر ذمہ دار تنظیم کا قیام عمل میں لایا جائے۔ انجمن ترقی پسند مصنفین پر ان کے خیال میں بمبئی والوں اور ان کے پیرو کاروں کا تسلط بہت مضبوط تھا۔ اور حلقہ اربابِ ذوق، جو اس زمانے میں زیادہ تر سرکاری ملازمین کے ہاتھ میں تھا، کوئی ایسا کام کرنے سے معذور تھا جو سرکار دولت مدار کو پسندِ خاطر نہ ہو۔ ادھر تاثیر صاحب صرف ترقی پسندوں کو زچ کرنے میں لگے ہوئے تھے اور اپنے سرکاری روابط کے ذریعے اس کو ایک ناپسندیدہ جماعت قرار دلوانا چاہتے تھے جبکہ عسکری کا نقطۂ نظر یہ تھا کہ ہمیں ان کا مقابلہ ادب کے کھلے میدان میں اپنے شعور و استدلال کے ساتھ کرنا چاہیے۔ لیکن جب تاثیر کی رائے حکومتی سطح پر قبول کر لی گئی تو عسکری اپنے ارادے سے دست بردار ہو گئے اس لیے کہ ترقی پسندی پر سرکاری قدغن کے بعد ادیبوں کی کوئی تنظیم بنانے کا یہی ایک مطلب ہو سکتا تھا کہ آپ نہ صرف اس قدغن کے حق میں ہیں بلکہ اس سے پیدا شدہ خلا کو پر کرنے کے لیے مامور ہوئے ہیں۔

یہ سب باتیں راقم نے بہت قریب سے تو نہیں لیکن ذرا فاصلے سے ضرور دیکھی ہیں۔
پاکستان کے پہلے برس میں عسکری کبھی غلام عباس کے ساتھ "مکتبہ جدید" پر بیٹھے ہوئے مل جاتے تھے، کبھی "ساقی بک ڈپو" پر، جو لوہاری دروازے میں داخل ہوتے ہی نرائن دت سہگل کی پرانی دکان میں کھلا تھا اور کبھی "ادب لطیف" یا "امروز" کے دفتر میں۔ بعد میں ہفت روزہ "نظام" میں بھی جو انتظار حسین کی ادارت میں نکلنے لگا تھا۔ ۴۸ء کے وسط میں ایک مرتبہ انتظار کے یہاں سے اٹھ کر باہر آئے تو کرنل لارنس یعنی ٹنڈے لاٹ کے مجسمے کے پاس کھڑے ہو گئے کہ وہاں سے عسکری کو انارکلی کی طرف جانا تھا اور مجھے فین روڈ پر ایک دوست سے ملنے۔ وہاں کھڑے کھڑے میں نے ان سے فرانسیسی پڑھنے کی خواہش کا اظہار کیا تو انھوں نے فوراً ہاں کر دی اور کہا کہ کباڑیوں کے پاس فرنچ کی نصابی کتابوں کے سیٹ پڑے ہوئے ہیں، ان میں سے کوئی سا بھی چار پانچ کتابوں کا سلسلہ خرید لیجیے اور پہلی کتاب لے کر پرسوں سہ پہر کو تین ساڑھے تین بجے میرے گھر آجائیے۔ وہ کرشن نگر میں اس سڑک کے آخر میں رہتے تھے جہاں بعد میں ناصر کاظمی کو مکان ملا۔ اس کے شروع میں میر عترت حسین پان والوں کی دکان تھی اور ذرا آگے جا کے ڈاکٹر صفدر حسین رہتے تھے۔ ان دونوں سے تحت اللفظ مرثیہ خوانی کی مجلس میں ایک آدھ مرتبہ ملاقات ہو چکی تھی۔ میر صاحب تو عسکری کے نام سے ناواقف نکلے اگرچہ بعد میں معلوم ہوا کہ عسکری صاحب آتے

جاتے وہیں سے پان لیا کرتے تھے لیکن گاہک اور دکاندار ایک دوسرے کے محض صورت آشنا ہی رہے۔ صفدر صاحب اپنے گھر کے دروازے پر کھڑے مل گئے اور الٹا پوچھنے لگے کہ عسکری کے پاس کیا کرنے جا رہے ہو؟ بتایا تو کہنے لگے: ذرا بچ کے رہنا۔ سخت دھڑے باز آدمی ہیں۔ کہیں تمہیں بھی اپنے جرگے میں داخل نہ کرلیں۔ لیکن پتا انہوں نے بتا دیا کہ سیدھے جاؤ، آگے سڑک کچی ہے اور کھیتوں میں جا کے ختم ہو جاتی ہے۔ آخر سے ذرا پہلے سیدھے ہاتھ کو ایک گندی نالی نظر آئے گی، اسے پار کرلو تو برابر میں ان کا چھوٹا سا مکان ہے۔ اور ہاں، ان کے ساتھ ''امروز'' والے قاضی ابرار صدیقی رہتے ہیں۔ ادھر نہ چلے جانا ورنہ کمیونسٹ ہو جاؤ گے۔

میں نے سر اٹھا کر صفدر صاحب کا حویلی نما مکان دیکھا اور یہ سوچتا ہوا چل پڑا کہ پتا بتاتے بتاتے انہوں نے عسکری صاحب کی درویش مزاجی اور الاٹمنٹ کے سلسلے میں ان کی نارسائی پر چوٹ کی ہے یا ان کے افسانوں پر۔ اور یہ اچھی دھاندلی ہے کہ نہ کسی کمیونسٹ سے ملو اور نہ کسی رجعت پسند سے۔ اس زمانے میں عسکری کو ترقی پسندی پر زوردار تنقید لکھنے کی وجہ سے ادبی حلقوں میں یہی لقب دیا جاتا تھا۔ اگلے مہینے جب میں نے انجمن ترقی پسند مصنفین کی رکنیت کا فارم بھرا تو معلوم ہوا کہ ''زیر غور'' رکھنے کا فیصلہ ہوا ہے۔ اور فرنچ پڑھتے ہوئے کئی ہفتے گزر گئے تو ایک سینئر ترقی پسند ہم قلم نے ناصح مشفق بن کر کہا کہ عسکری سے کیوں ملتے ہو؟ پوچھا کہ آپ ہی بتائیے ان

کے سوا فرنچ کس سے پڑھوں؟ واقعی اس زمانے میں نہ کسی کالج میں یہ زبان پڑھائی جاتی تھی نہ کوئی کلچرل سنٹر بنا تھا اور نہ اپنے طور پر پڑھانے والا ملتا تھا۔ اوپر سے، عسکری صاحب نے ٹیوشن فیس لینے سے صاف انکار کر دیا حالاں کہ، جیسے پہلے کہہ چکا ہوں، وہ ادب کے ہوائی رزق پر زندگی بسر کر رہے تھے اور میرے لیے سوپچاس کا مسئلہ اتنا بڑا مسئلہ نہ تھا۔ بعد میں جب عسکری کراچی کے اسلامیہ کالج میں باقاعدہ پڑھانے لگے اور کراچی یونیورسٹی نے وہاں ایم اے (انگریزی) کی کلاس بند کرا دی تو عسکری نے اپنے گھر پہ مفت کوچنگ کا سلسلہ شروع کر کے کراچی کے آدھے گریجویٹوں کو ایم اے پاس کروا دیا۔ اوپر سے شاگردوں کو چائے بھی پلائی جاتی تھی۔

یہ بھی خدا کا شکر ہے کہ عسکری سے فرنچ پڑھنے کے زمانے میں مجھے سگریٹ کی لت نہ لگی تھی ورنہ ان کی ڈبیا پہ بھی ہاتھ صاف کر لیا کرتا۔ البتہ ایک مرتبہ ان کے گھر کا کھانا اب تک یاد ہے۔ ۴۹ء کی برساتوں کے بعد راوی میں اتنے زور کا سیلاب آیا تھا کہ جی ٹی روڈ جا بجا ٹوٹ پھوٹ کر بہہ گئی تھی اور میں عید پر گوجرانوالے نہیں جا سکتا تھا۔ عسکری صاحب نے عید کے دن دوپہر کے کھانے کو کہا تو میں نے بتایا کہ چھوٹا بھائی کوثر دو ایک دن پہلے لاہور آیا تھا اور وہ بھی یہاں پھنسا پڑا ہے، ہم دونوں کو اس موقع پر اپنی خالہ کے یہاں، جو تحصیل بازار میں رہتی ہیں، جانا پڑے گا۔ تو کہنے لگے: وہاں رات کا کھانا کھا لیجیے مگر دوپہر کو اپنے بھائی کو ساتھ لے کر یہاں ضرور آئیے۔ پہنچے تو

پہلے ایک ایک پیالہ شیر خرما کا لایا گیا جس کی لذت اب تک نہیں بھولتی ۔ اس کے بعد ایک ایک پلیٹ میں تھوڑا سا پلاؤ اور ساتھ میں دہی پھلکیاں ۔ کھانے کی مقدار دیکھ کر خیال آیا کہ چھوٹا بھائی ، جو خاصا خوش خوراک تھا، کیا سوچے گا۔ لیکن ایک دو لقمے لیے تو معلوم ہوا کہ اودھ کے روایتی رکاب کی طرح چاولوں کو خوب بریاں کیا تھا۔ کوثر نے بعد میں مجھ سے کہا کہ میں تو آدھی پونی پلیٹ دیکھ کر ڈر گیا تھا لیکن کھایا تو ذرا کی ذرا میں سیری ہو گئی ۔ یہ ایک جھلک تھی اس خاندان کے ماضی کی جس کے سربراہ نے کبھی اپنے گزشتہ احوال کی بات نہ کی تھی ، نہ گزرتے ہوئے وقت کی کوئی شکایت ۔

عسکری صاحب تین بھائیوں ، ایک بہن اور والدہ کے ساتھ رہتے تھے اور اس وقت تک ان سے چھوٹے ، مثنیٰ صاحب کو، انگریزی میں ایم اے کرنے کے باوجود لاہور کے کسی کالج میں ملازمت نہیں ملی تھی ۔ کچھ دیر کے بعد البتہ ''پاکستان ٹائمز'' میں سب ایڈیٹر ہوئے اور اب بھی صحافت سے منسلک ہیں۔ عمر میں مجھ سے دو ڈھائی سال بڑے ہوں گے مگر دیکھنے میں اور اپنے حسن سلوک میں دوستوں کی طرح ملتے تھے ۔ جس دن عسکری صاحب کسی وجہ سے گھر پہ نہ ہوتے تو مثنیٰ صاحب سے خوب گپ رہتی لیکن ''بھائی صاحب'' اور گھر والوں کا تذکرہ درمیان میں نہ آتا۔ دوسرے بھائی حسن ثالث اور حسن رابع ، جنھیں گھر میں ثروت اور صولت کہا جاتا تھا، جب بھی ملتے ہیں بڑی عزت سے پیش آتے ہیں جیسے کہ میں ان کے بڑے بھائی کا شاگرد نہیں، ان کا

دوست رہا ہوں۔ خود عسکری سے جب ایک بار میرے دعوائے شاگردی کا بارے میں پوچھا گیا تو انہوں نے کہا کہ نہیں صاحب، وہ تو ہمارے دوست ہیں۔ میر صاحب نے اپنے شاگردوں کے بارے میں لکھا ہے: ''از دوستانِ بندہ''۔ مگر یہ مہذب محاورہ سوال کرنے والوں نے شاید سنا نہ ہو اس لیے عسکری کے الفاظ کو انکار پر محمول سمجھا گیا۔

غرض کہ عسکری صاحب اور ان کے عزیزوں نے، جن کی کفالت ان کے ذمے تھی، دو ڈھائی سال کی مدت بڑے وقار کے ساتھ خاصی تنگ دستی میں بسر کی مگر اس زمانے میں لکھا اور پڑھا بہت کچھ اور کئی کتابوں کے مسودے تیار کر کے ناشرین کو دیے جو انہوں نے کہیں اگلے سات آٹھ برسوں میں شائع کیے۔ بلکہ ایک مسودہ، انتخابِ میر کا، پریس میں کہیں ادھر ادھر ہو گیا۔ بعد میں ''ساقی'' کے میر نمبر کی شکل میں جو چھپا وہ نئے سرے سے منتخب ہوا تھا اگرچہ اس بات کا تذکرہ نہ عسکری کی تحریر میں کبھی آیا نہ زبان پر۔ ان کا ماحول دیکھ کر اور یہ سوچ کر، کہ ان کی اہلیت کا آدمی ادب کے بجائے دنیا داری پر آتا تو کیا کچھ نہ بن سکتا تھا، لکھنے پڑھنے کے کام سے وحشت ہونے لگتی تھی لیکن اُن کا ضبطِ نفس اور دم خم دیکھ کر حوصلہ بھی بہت ہوتا تھا۔

لاہور میں انجمن ترقی پسند مصنفین کی کانفرنس اور اس کے بعد عسکری اور منٹو کی ادارت میں نکلنے والے ''اردو ادب'' کی لچکدار ادارتی حکمتِ عملی کی وجہ سے، سرکاری

احتساب کے علاوہ انجمن کی طرف سے ان دونوں کا دو طرفہ بائیکاٹ بھی شروع ہوا۔ دو طرفہ سے مراد یہ کہ نہ ان دونوں کو کسی ترقی پسند رسالے میں کوئی جگہ ملے، نہ جس رسالے میں یہ چھپیں اس میں کوئی ترقی پسند ادیب لکھے۔ یگانہ کے بعد تاریخِ ادب کا یہ دوسرا بائیکاٹ تھا جس کے بڑے دوررس ادبی اور تہذیبی نتائج برآمد ہوئے۔ ذاتی سطح پر دونوں آزاد قلم کاروں کے لیے یہ بڑی مشکل کا مضمون تھا۔ خصوصاً عسکری کے لیے جنھیں لاہور چھوڑنے کے ساتھ ساتھ کم از کم کچھ دیر کے لیے اپنی فکری آزادی کو بھی خیرباد کہنا پڑی۔

فروری ۵۰ء میں ''ماہِ نو'' کی ادارت پر مامور ہو کر عسکری کا کراچی منتقل ہونا خود ان کے لیے اور ہم جیسے نیاز مندوں کے لیے کوئی معمولی حادثہ نہ تھا۔ ایک مدت کے تک عسکری کو کراچی کی آب و ہوا راس نہ آئی، نہ محکمہ اطلاعات کی پالیسی ان کی سمجھ میں آ سکی۔ وہ مستقل لاہور لوٹ آنے کی کوشش کرتے رہے اور ''ماہِ نو'' کی ادارت سے بھی انہوں نے جلد ہی استعفیٰ دے دیا کہ محکمہ انہیں ''ترقی پسندوں کے خلاف ایک غنڈے کی طرح استعمال کرنا چاہتا تھا۔'' یوں اپنی مرضی سے وہ کسی بھی ادیب اور کسی بھی ادارے پر، جو اُن کا جی چاہے، لکھ سکتے تھے لیکن کسی دوسرے کا آلۂ کار بننا انہیں گوارا نہ تھا، چاہے اپنی سرکار کا محکمہ ہی کیوں نہ ہو۔ اور اپنی سرکار بھی وہ کہاں تھی؟

کراچی کے ایک غیر سرکاری کالج میں پڑھانے کا کام ملا تو پھر وہ پاؤں توڑ کر وہیں جم گئے اور آخر تک انہوں نے کسی اور طرف مڑ کر بھی نہیں دیکھا۔ چھٹیاں وہ اکثر لاہور میں گزارتے۔ اور یہاں سے کوئی عقیدت مند تھوڑی یا زیادہ دیر کے لیے کراچی جاتا تو ان سے ملے بغیر نہ آتا۔ گویا لاہور سے ان کا رابطہ بحال رہا۔ اگرچہ کراچی میں بھی انہوں نے نیاز مندوں کا ایک حلقہ پیدا کر لیا۔ تاہم وہ ہر قسم کے نیاز مندوں سے جب چاہتے بے نیاز ہو کر اپنے دل پسند مشاغل میں مصروف ہو جاتے۔ ساقی میں ''جھلکیاں'' وہ اس وقت تک لکھتے رہے جب تک کہ شاہد احمد دہلوی نے انہیں مایوس نہ کر دیا۔ ہوا یوں کہ شاہد نے اپنے رسالے کے وسائل میں اضافہ کرنے کے لیے امریکی ادارۂ اطلاعات کے فراہم کردہ مسالے پر مبنی سوویٹ روس کے خلاف ایک خاص نمبر نکال دیا۔ حسب معمول عسکری کا نام بطور شریک مدیر شامل کر کے۔ اب یہ نام، جیسا کہ جاننے والے جانتے تھے، محض رسمی طور پر چھپا کرتا تھا لیکن عسکری اور ''ساقی'' بیس ایک برس سے آپس میں جڑے ہوئے تھے، کوئی دوسرا کہتا یا نہ کہتا، خود عسکری کو یہ بات پسند نہ آئی کہ ان حالات میں یہ تعلق بدستور قائم رہے چناں چہ انہوں نے اس کی ادارت سے اپنا نام ہٹوانے کے ساتھ ساتھ اس میں باقاعدگی سے لکھنا بھی چھوڑ دیا۔ شاید یہ کام کوئی سوویٹ روس کا متوالا بھی نہ کرتا۔

شاہد صاحب اور ان کے علاوہ قدرت اللہ شہاب وغیرہ کے ساتھ، جو اُن کے حلقۂ ارادت میں شامل تھے، ایک بے مروتی انہوں نے یہ برتی کہ رائٹرز گلڈ کی تاسیس کے موقع پر فجر کی نماز پڑھ کر ایسے غائب ہوئے کہ کسی فرستادہ ڈھونڈنے والے کو اس وقت تک نہ ملے جب تک کنونشن ختم نہ ہوگیا۔ شاید ایسے ہی چند ایک واقعات سننے کے بعد فیض صاحب نے عسکری کی موت پر ایک ٹیلی ویژن پروگرام کے دوران کہا تھا کہ مشکل ترین حالات میں بھی انہیں کوئی نہ خرید سکا۔ انجمن اور اس کے دوسرے اراکین سے عسکری کی جو بھی جنگ رہی ہو، فیض صاحب اور ان کے درمیان ایک باہمی فہمیدہ کا رشتہ ہمیشہ قائم رہا۔ بلکہ سبطِ حسن تک کے ساتھ انہوں نے ''لیل و نہار'' کے صفحات میں اور اس کے علاوہ ذاتی خطوط میں، جو اب شائع ہو چکے ہیں، جیسا بھرپور تعاون کیا وہ ہم میں سے بھی کئی ایک کے لیے خاصا حیران کن تھا۔ دیرینہ انسان تعلقات کا جو احترام عسکری کے یہاں دیکھنے میں آیا وہ ان کو بے لحاظ و بے مروت سمجھنے والوں کے لیے ناقابل فہم تھا۔

تنقید کی حد تک انہوں نے بہت کم کسی کی رورعایت کی ہوگی بلکہ ایک اور قابل احترام شخصیت نے ایک بار مجھ سے پوچھا کہ عسکری جیسا نک چڑھا نقاد دنیا کی اور کس زبان میں ملے گا؟ حالاں کہ یہی محترم خود بھی لکھ چکے ہیں اور عسکری نے بھی اقرار کیا ہے کہ ایک زمانے میں ان دونوں کے درمیان بڑے زور کی خط و کتابت رہ چکی ہے جسے وہ

خدا معلوم کیوں شائع نہیں کرتے حالاں کہ اپنے نام منٹو کے خطوط وہ کتابی شکل میں ترتیب دے کر چھاپ چکے ہیں۔ میری موجودگی میں جب بھی عسکری کے سامنے کسی نے ان کا ذکر کیا تو عسکری نے ہزار شکایتوں کے باوجود ان سے اپنی پرانی دوستی کا زمانہ یاد کر کے ان کے حق میں دعائے خیر کی جو خدا جانے کیوں مستجاب نہ ہوئی۔

عسکری کے بارے میں جو باتیں عام طور سے کہی جاتی ہیں میرا ان سے تیس ایک برس کا رابطہ ان میں سے چند ایک کی تائید نہیں کرتا۔ مثلاً اجنبیوں سے اور انٹرویو نما ملاقات کرنے والوں سے یا خواہ مخواہ کی بحث کرنے والوں کے سامنے وہ یقیناً بہت کم کھلتے تھے اور کہیں ایسی صحبت میں پھنس جاتے تو جواب میں جی، جی کہنے کے سوا ایک لفظ ان کی زبان سے نہیں نکلتا تھا لیکن یہ بھی نہیں کہ انتظار حسین کی طرح سارتر کا یہ قول ان پر منطبق کیا جائے کہ ان کے لیے دوزخ کا مطلب تھا، دوسرے آدمی۔ خود انتظار صاحب نے تسلیم کیا ہے کہ وہ جان پہچان کے لوگوں میں خوب چہکتے مہکتے تھے۔ اب دوسرے آدمی کی تعریف میں تو یہ لوگ بھی شامل ہوں گے مگر عسکری کو اس قدر مردم بیزار بھی نہیں کہا جا سکتا جتنا کہ یار لوگوں نے انہیں بنا کے رکھ دیا ہے۔

بے شک، لاہور میں وہ جب تک مقیم رہے، انہوں نے کسی چائے خانے یا قہوہ خانے میں نشست نہیں جمائی۔ لیکن اس کی وجہ دوسری تھی۔ وہ کسی پر بوجھ بننا پسند نہیں کرتے تھے اور میزبانیِ عام کی استطاعت حاصل نہ تھی۔ بعد میں جب وہ ایسے

چونچلے برداشت کرنے کے قابل ہوئے تو ان جگھوں پر بھی آنے جانے لگے۔ کراچی میں خاص طور پر وہ کسی بھی اپنے ملنے والے کو گھر پہ یا گھر سے باہر خاطر تواضع کے بغیر جانے ہی نہیں دیتے تھے۔ اصل میں یہاں ادیبوں کے ضرب المثل مفت خورے پن سے بدکنے کا معاملہ بھی تھا۔ اس حد تک کہ اپنی موت کے دن جب وہ گھر سے کالج جاتے ہوئے (جو ایک سگرٹ کے فاصلے پر تھا) سڑک پر بے ہوش ہو کے گر پڑے اور کالج کے لڑکے انہیں ٹیکسی میں بٹھا کر گھر پہنچانے کے لیے ساتھ آئے تو انہوں نے ٹیکسی کا کرایہ اپنی جیب سے ادا کرنے پر سخت اصرار کیا اور گھر پہنچ کر دم توڑ دیا۔

عجیب بات یہ کہ ۱۸ جنوری ۱۹۶۸ء کو جب ان کا انتقال ہوا تو عین اسی دن تیئس برس پہلے ان کے محبوب اردو ادیب اور قریبی دوست سعادت حسن منٹو نے بھی رحلت کی تھی۔ جناب یونس جاوید نے مجھے بتایا کہ بتیس ایک برس پہلے اسی دن مشہور گلوکار کے ایل سہگل بھی چل بسے تھے۔ یہاں بھی انہوں نے دو ایسے خانماں خراب فنکاروں کے ساتھ دیا جو ان سے کہیں زیادہ چلنے کو تیار بیٹھے تھے۔

عسکری صاحب کا بے پایاں انکسار انہیں کسی معروف معنوں میں ''شخصیت'' نہیں بننے دیتا تھا۔ وہ جو پطرس نے ایک بین الاقوامی کانفرنس میں پاکستان کی نمائندگی کرتے ہوئے لکھا ہے کہ ''اپنے پاس سوا شخصیت کے کچھ نہیں سو اسی کو ہتھیلی پر لیے پھرتے ہیں۔'' مگر شخصیت تو شخصیت عسکری تو کسی بھی چیز کو ہتھیلی پر لیے پھرنا

معیوب سمجھتے تھے۔ انگریزی محاورے کے مطابق انھوں نے کبھی اپنا دل آستین پر نہیں سجایا۔ شاید وہ ایک خوف زدہ آدمی تھے، کس چیز سے خوف زدہ؟ یہ معلوم کرنا آسان نہیں۔ لیکن انھوں نے تربیت نفس کے ذریعے اس خوف پر قابو پانا سیکھ لیا تھا۔ انھیں نہ کسی نے پھوٹ کر بہتے دیکھا، نہ کسی سے لڑتے جھگڑتے۔ حتیٰ کہ وہ کسی ناخواندہ اور ناموافق مہمان کو رد کرنے کے بجائے تھوڑی بہت مروت ضرور کرلیتے تھے۔ لیکن احمقوں کو دیر تک برداشت کرنا ان کے بس سے باہر تھا۔ اس سے بچنے کے لیے وہ ناسازگار ملاقات کو مختصر کرنے کا فن جانتے تھے۔ وہ اپنی تحریر میں کتنا بھی اشتعال کیوں نہ دلاتے ہوں، انھوں نے کسی مجمع عام یا مجمع خاص میں کبھی کوئی تماشا نہیں لگایا۔

ان کی شخصیت پر بہت کم لکھا گیا ہے، اس لیے مختلف شخصیات نمبروں میں ان کا تذکرہ شاید ہی کہیں ملے۔ یوں شخصیت پر اصرار بھی ان کے یہاں خاصا کمیاب ہے۔ ادب کا مفہوم ان کے نزدیک تھا شخصیت سے گریز۔ ایلیٹ نے بھی، جو روایت میں ادیب کے جذب ہوجانے کو لازمی سمجھتا ہے، اتنا ضرور تسلیم کیا ہے کہ شخصیت سے گریز وہی کرسکتا ہے جس کے پاس ایک شخصیت ہو۔ البتہ ایک ایسی شخصیت کا سراغ لگانا بہت مشکل ہے جس کے سب نشان غائب کردیے گئے ہوں۔ معلومات کی غیر موجودگی میں ایسے شخص کے بارے میں چاہے نہ چاہے کئی قسم کے افسانے بن

جاتے ہیں جن کی بنیاد اتنی ہی مضبوط ہوتی ہے جتنی افواہوں کی جو بہر حال کسی نہ کسی اطلاعاتی رکاوٹ سے پیدا ہوتی ہے۔ ان میں سے ایک افسانہ ان کی پنجاب دشمنی کا ہے جو تخلیقی ادب میں آفتاب احمد خاں کے نام ان کے خطوط کی اشاعت سے شروع ہوا تھا اور اب کتابی صورت میں چھپنے کے بعد ایک قسم کی دستاویزی شہادت سمجھا جاتا ہے۔ بات اتنی سی تھی کہ آزادی سے کچھ دیر پہلے ایک مرتبہ آل انڈیا ریڈیو میں فراق گورکھپوری سے ریڈیو کے اہل کاروں نے خیرہ چشمی سے کام لیا تھا۔ اتفاقاً یہ حضرت پنجابی تھے اور حلقہ اربابِ ذوق سے متعلق۔ یہاں سے انہوں نے نوجوان پنجابی ذہن کی بے لگام خود اعتمادی اور ادب و تہذیب کے معاملات میں ان کی بے دھڑک تجربہ پسندی پر ایک تھیوری سی بنائی ہے جو اتنی ہی درست یا نادرست کہی جا سکتی ہے جتنی کوئی بھی تھیوری جو ایک آدھ تجربہ حیات پر مبنی ہو۔ اس وقت تو خیر انہوں نے جو بھی محسوس کیا ہو، دیکھنے کی بات یہ ہے کہ انہوں نے یہ رویہ کب تک قائم رکھا۔ قصہ تو محض فراق سے بدتمیزی کا تھا اور زبان کے سلسلے میں آل انڈیا ریڈیو کی سرکاری پالیسی کا۔ لیکن عسکری نے یہ بھی لکھا ہے کہ یہی لوگ میراجی کا بھی مذاق اڑاتے تھے حالاں کہ انہیں کے ساختہ پرداختہ تھے۔ عسکری ان کو سرکاری کارندے سمجھ کر ادبی اعتبار سے ساقط سمجھ لیتے تو کہیں بہتر ہوتا۔ بہرحال پنجاب کی تاریخ اور تہذیب کے بارے میں انہوں نے بعد میں بہت کچھ جانا اور روایت میں ان کے کردار

کو یوپی سے مختلف طریقے سے پہچانا۔ یہاں کے لوگوں سے ان کے جو مراسم رہے ان میں کسی قسم کا لسانی تفوق یا تہذیبی افتخار دیکھنے میں نہیں آیا۔

اسی طرح یہ افسانہ بھی، کہ وہ سماجی اور فکری سطح پر ایک رجعت پسند تھے اور مذہبی جنونی، کئی لحاظ سے ترمیم کا مستحق ہے۔ ۱۹۷۵ء میں، جب میں سعودی عرب جانے سے پہلے تین ایک مہینے کے لیے کراچی میں رکا ہوا تھا اور اس وجہ سے مجھے مدت کے بعد ان کے ساتھ خاصا وقت گزارنے کا موقع ملا تو میں نے دیکھا کہ وہ پورے عالم اسلام کی صورت حال کے بارے میں سخت پریشان تھے۔ شاہ فیصل قتل کیے جا چکے تھے، سوئیکارنو کو فوجی بغاوت کرنے دیا تھا اور پاکستان میں ذوالفقار علی بھٹو کے خلاف ایک مذہبی تحریک چلانے کی تیاریاں ہو رہی تھیں۔ اتنے میں فرانسیسی ٹیلی وژن نے بحیرۂ روم میں امریکی بحریہ کی ایک فوجی مشق کی فلم دکھا دی جو سیٹلائٹ سے لی گئی تھی۔ اس سے معلوم ہوا کہ ایک ریگستانی عرب ملک میں، جو تیل کی دولت سے مالامال تھا، قبضہ کرنے کی ریہرسل ہو رہی ہے۔ چند ہی دنوں بعد خبر آئی کہ سعودی عرب نے اپنے تیل کے کنوؤں کی حفاظت کے لیے ایک امریکی کمپنی کو ٹھیکہ جاری کر دیا ہے۔ عسکری صاحب اس کے بارے میں بجا طور پر تشویش میں مبتلا تھے اور مصر تھے کہ میں سعودی عرب جا کر وہاں کی صورتِ حال سے ان کو مطلع کروں۔ میں نے انہیں ایک مرتبہ چھٹیوں میں گھر آنے کے دوران جب زبانی اطلاع دی تو انھوں نے اپنی نمازوں اور

تلاوتوں کو اور بھی طویل کر دیا اس لیے کہ ان باتوں پر اپنے یہاں نہ کچھ لکھا جا سکتا تھا، نہ کہیں چھپ سکتا تھا۔

پی این اے کی تحریک جب شروع ہوئی تو عسکری صاحب کا اضطراب حد سے گزرنے لگا اور وہ اپنا غصہ دبانے کی بے نظیر صلاحیت کے باوجود یہاں وہاں اپنے خدشات کا اظہار کرنے لگے۔ خطوں میں تو انھوں نے کئی دوستوں کو لکھا کہ خدا پاکستان کو اسلام کے دشمنوں سے محفوظ رکھے۔ وہ یہ بات اچھی طرح جان چکے تھے کہ اسلام کے دشمن بالعموم اسلام کے نام پر ہی اپنا کاروبار چمکاتے ہیں۔ وہ ان باتوں پر فرانسیسی اخبارات میں لکھنے کے لیے پر تول رہے تھے کہ زندگی کی ڈور کٹ گئی۔ خدا معلوم خود بخود کٹ گئی یا کاٹ دی گئی۔

عسکری کا شخصی دفاع یہاں مقصود نہیں کیوں کہ راقم تو ان سے نیازمندی کے باوجود بطور ادیب اور ناقد کے شدید اختلافات رکھتا اور تحریری طور پر ظاہر کرتا رہا ہے۔ تاہم ان کے متعلق سنی سنائی باتوں کی توثیق یا تغلیط کے لیے اکثر سوال کیے جاتے ہیں اس لیے چند ایک دیکھی بھالی خصوصیتوں کی نشان دہی ضروری ہے۔ مثلاً یہ بات، جو انھوں نے اپنے ایک انگریزی خط میں خود بھی لکھی ہے (اگرچہ یہ فراموش کر دیا جاتا ہے کہ انتقال سے کوئی بتیس برس پہلے لکھی ہے)، ان میں زندگی کرنے کا حوصلہ نہیں تھا۔ کم سے کم معمول کی زندگی کا۔ لیکن اتنی سی بات کا سمجھنا کیا مشکل ہے کہ آدمی ادب اور

دانشوری کو عشق کی سطح پر لے جائے تو معمولاتِ حیات کی انجام دہی بہت دشوار ہو جاتی ہے : اس زندگی کرنے کو کہاں سے جگر آوے ۔ یہ تو ہر کوئی جانتا ہے کہ انہوں نے کوئی گاڑی یا اسکوٹر تو کجا، کبھی ایک سائیکل تک نہیں رکھی اور ساری عمر پیدل چل کر گزاردی یا زیادہ سے زیادہ پبلک ٹرانسپورٹ پر انحصار کیا۔ اسی طرح انہوں نے کبھی اپنا گھر بنانے یا بسانے کی بھی کوئی زوردار کوشش بہت کم کی۔ نتیجہ یہ کہ وہ اپنے محبوب فرانسیسی مصنفین فلوبیئر اور بودلیر کی طرح مجرد ہی رہ گئے۔ لیکن فرانس میں تجرد یا کنوارگی کا مطلب برہم چریہ نہیں ہوتا جب کہ اپنے یہاں تو آدمی اس حد تک سماجی زندگی سے کٹ کر رہ جاتا ہے کہ مقبولِ عام مذہبی خیال کے مطابق ایسے شخص کا جنازہ بھی جائز نہیں اور کچھ نہیں تو اس کے بارے میں بیسیوں کہانیاں بن جاتی ہیں جب کہ عسکری کے بارے میں اس سے زیادہ سکینڈل نہیں چلا کہ انہوں نے ایک شاگردہ کے نام سے چھپے ہوئے تراجم کی محض نظر ثانی نہیں کی۔

مرحوم سلیم احمد نے ایک بار بتایا تھا کہ کراچی کے مشہور صوفی بزرگ بابا ذہین شاہ تاجی (جنھیں سلیم صرف بابا کہا کرتے تھے) جب عسکری سے ملے تو بہت دیر تک ان کی تعریف کرتے رہے۔ حاشیہ نشینوں میں کئی ایک نے کہا کہ آپ بھی کیا بھولے بادشاہ ہیں کہ ان کی باتوں میں آ گئے۔ یہ صاحب تو ہر مہینے اپنے خیالات بدلتے رہتے ہیں۔ بابا نے پوچھا کہ شادی شدہ ہیں؟ جب پتا چلا کہ نہیں تو فرمایا کہ ''ہاں، چھڑے کی بات کا

اعتبار نہیں''۔ میں نے سلیم سے گزارش کی کہ اب ان کے یہاں جانا تو پوچھنا کہ وہ ردِ مجرد، جو کہتا تھا کہ خدا کی بادشاہی آنے والی ہے اور ایک وہ جس نے کہا تھا کہ میرے بعد ایک ایسا شخص آنے والا ہے کہ میں جس کے جوتے کا تسمہ کھولنے کا بھی حقدار نہیں، کیا ان پر بھی یہی حکم لگے گا؟ معلوم نہیں سلیم نے ان سے پوچھا یا نہیں اور پوچھا تو کیا جواب ملا؟ لیکن مذہبی حلقوں میں عسکری کے ذکر پر کئی بار یہ حدیث شریف دہرائی گئی کہ نکاح میری سنت ہے اور جس نے اس طرف رغبت نہ کی، وہ مجھ سے نہیں ہے۔

چناں چہ اکثر دریافت کیا جاتا ہے کہ عسکری نے شادی کیوں نہیں کی؟ ظاہراً ایک پورے ٹبر کے سربراہ کی ذمے داریاں اپنی خانہ آبادی کے راستے میں مائل رہی ہوں گی اور بعد میں یا تو بہت دیر ہو گئی یا تنہائی کی عادت راسخ بن گئی۔ لیکن ان کے بارے میں مجھ سے زیادہ جاننے والے بتاتے ہیں کہ انھوں نے اپنی نظر ثانی شدہ شاگردہ کے لیے باقاعدہ خواستگاری بھی کی، جو اس لیے سرے نہ چڑھی کہ اس کے جواب میں ناقابل قبول شرطیں لگائی گئیں۔ چلیے کم از کم عسکری نے حدیث شریف کے الفاظ میں اس طرف رغبت تو کی۔ ویسے میر صاحب پہلے ہی کہہ چکے تھے (اگرچہ ان کا یہ قطعہ بند عسکری کے ''انتخابِ میر'' میں شامل نہیں)۔

دنیا کی نہ کر تو خواستگاری

اس سے کبھو بہرہ ور نہ ہوگا

آ، خانہ خرابی اپنی مت کر

قحبہ ہے یہ، اس سے گھر نہ ہوگا

لیکن یہ خانہ خرابی دوسری طرح کی ہوتی جبکہ عسکری نے اس خانماں کو خراب کرنا بہتر سمجھا جو کسی وقت بھی وجود میں آسکتا تھا:

عشق کا گھر ہے میر سے آباد

ایسے پھر خانماں خراب کہاں

***

ماخذ: یادوں کی سرگم